AF357799

*29 Novembre 1912*  V

## VENTE

*Du Vendredi 29 Novembre 1912*

## HOTEL DROUOT, SALLE N° 1

A DEUX HEURES

# TABLEAUX

ET

## ÉTUDES

PAR

# Albert CHARPIN

### (HORS CONCOURS)

Mᵉ F. LAIR-DUBREUIL

COMMISSAIRE-PRISEUR

MM. J. CHAINE & SIMONSON

EXPERTS

# CATALOGUE

DES

# TABLEAUX

ET

# ÉTUDES

PAR

# Albert CHARPIN

(HORS CONCOURS)

DONT LA VENTE AUX ENCHÈRES PUBLIQUES AURA LIEU

## HOTEL DROUOT, SALLE N° 1
## LE VENDREDI 29 NOVEMBRE 1912

*à 2 heures*

| COMMISSAIRE-PRISEUR | EXPERTS |
|---|---|
| **Mᵉ F. LAIR-DUBREUIL** | **MM. J. CHAINE & SIMONSON** |
| 6, rue Favart | 19, rue Caumartin |

*Chez lesquels se distribue le Catalogue*

## EXPOSITION PUBLIQUE
**Le Jeudi 28 Novembre 1912, salle n° 1, de 1 h. 1/2 à 6 h.**

# CONDITIONS DE LA VENTE

Elle sera faite au comptant.

Les adjudicataires paieront *dix pour cent* en sus des enchères.

L'exposition mettant le public à même de se rendre compte de l'état et de la nature des objets, il ne sera admis aucune réclamation une fois l'adjudication prononcée.

Paris. — Imp. de l'Art, Cn. BERGER, 41, rue de la Victoire.

# DÉSIGNATION

1 — *Fin de journée.*
    T. Haut., 49 cent.; larg., 65 cent.

2 — *Troupeau en plaine, à Cayeux (Somme).*
    T. Haut., 46 cent.; larg., 61 cent.

3 — *Gardeuse de moutons (Alpes-Maritimes).*
    T. Haut., 46 cent.; larg., 55 cent.

4 — *Au bord de la mer (Alpes-Maritimes).*
    T. Haut., 38 cent.; larg., 55 cent.

5 — *Crépuscule (Sologne).*
    T. Haut., 38 cent.; larg., 55 cent.

6 — *Aux Champs, le soir (Alpes-Maritimes).*
    T. Haut., 38 cent.; larg., 46 cent.

7 — *Les Moutons, le matin (Alpes-Maritimes).*
    T. Haut., 38 cent.; larg., 46 cent.

8 — *Avril (Sologne).*
    T. Haut., 54 cent.; larg., 81 cent.

9 — *La Source (Alpes-Maritimes).*

> T. Haut., 47 cent.; long., 65 cent.

10 — *Dans le pré (Alpes-Maritimes).*

> T. Haut., 33 cent.; larg., 41 cent.

11 — *Troupeau, paysage du Berry.*

> P. Haut., 38 cent.; larg., 46 cent.

12 — *Retour des champs, clair de lune.*

> P. Haut., 24 cent.; larg., 33 cent.

13 — *La Mare, le soir (Sologne).*

> P. Haut., 22 cent.; larg., 27 cent.

14 — *Brebis et agneau.*

> P. Haut., 22 cent.; larg , 27 cent.

15 — *Troupeau dans la campagne.*

> P. Haut., 22 cent.; larg., 27 cent.

16 — *Bords de la Loire.*

> P. Haut., 22 cent.; larg., 27 cent.

17 — *Le Soir dans le marais.*

> P. Haut., 21 cent.; larg., 24 cent.

18 — *Sur le rivage (Somme).*

> P. Haut., 16 cent.; larg., 24 cent.

19 — *Le Vieux Berger.*

       P. Haut., 21 cent.; larg., 24 cent.

20 — *Le Soir, paysage du Loiret.*

       P. Haut., 19 cent.; larg., 27 cent.

21 — *Dans le marais (Sologne).*

       P. Haut., 35 cent.; larg., 46 cent.

22 — *Vendanges, Corbigny (Nièvre).*

       P. Haut., 27 cent.; larg., 42 cent.

23 — *Dans la lande.*

       T. Haut., 27 cent.; larg., 40 cent.

24 — *Le Soir (Alpes-Maritimes).*

       P. Haut., 33 cent.; larg., 41 cent.

25 — *Le Moulin Jacob, à Cayeux (Somme).*

       P. Haut., 24 cent.; larg., 33 cent.

26 — *Mauvais temps.*

       P. Haut., 24 cent.; larg., 33 cent.

27 — *Dans la montagne (Alpes-Maritimes).*

       Carton. Haut., 24 cent.; larg., 33 cent

28 — *Petite Bergère, à Cayeux (Somme).*

       P. Haut., 24 cent.; larg. 33 cent.

                      *

29 — *Berger au bord de la mer (Provence).*

> T. Haut., 28 cent..; larg., 35 cent.

3o — *Clair de lune (Sologne).*

> Carton sur p. Haut., 35 cent.; larg., 41 cent.

31 — *Descente à la mare.*

> T. Haut., 19 cent.; larg., 27 cent.

32 — *Berger des Alpes-Maritimes.*

> P. Haut., 19 cent.; larg., 24 cent.

33 — *Les Cygnes, paysage du Loiret.*

> P. Haut., 22 cent.; larg., 27 cent.

34 — *Matinée (Loiret).*

> P. Haut., 19 cent.; larg., 27 cent.

35 — *Vache blanche.*

> P. Haut., 16 cent.; larg., 22 cent.

36 — *Pâturage, à Cayeux (Somme).*

> P. Haut., 27 cent.; larg., 35 cent.

37 — *Printemps.*

> P. Haut., 19 cent.; larg., 27 cent.

38 — *Le Gué (Sologne).*

> T. Haut., 19 cent.; larg., 27 cent.

39 — *Troupeau en plaine.*

P. Haut., 19 cent.; larg., 27 cent.

40 — *Dans la clôture.*

P. Haut., 16 cent.; larg., 22 cent.

41 — *Sur le tertre.*

P. Haut., 16 cent.; larg., 22 cent.

42 — *Aux Champs.*

P. Haut., 27 cent.; larg., 35 cent.

43 — *Berger marin, Cayeux-sur-Mer.*

P. Haut., 24 cent.; larg., 33 cent.

44 — *Berger rentrant le soir.*

P. Haut., 24 cent.; larg., 33 cent.

45 — *Pâturage.*

T. Haut., 22 cent.; larg., 27 cent.

46 — *Le Bouvier, soir dans les Alpes-Maritimes.*

P. Haut., 22 cent.; larg., 27 cent.

47 — *Le Soir (Loiret).*

P. Haut., 22 cent.; larg., 27 cent.

48 — *Fin de journée (Provence).*

P. Haut., 22 cent.; larg,, 27 cent.

49 — *En Provence, le soir.*

> T. Haut., 22 cent.; larg. 27 cent.

50 — *L'Après-midi aux champs (Berry).*

> P. Haut., 22 cent.; larg., 27 cent.

51 — *Paysage du Loiret.*

> P. Haut., 22 cent.; larg., 27 cent.

52 — *Lever de lune (Sologne).*

> P. Haut., 24 cent.; larg., 33 cent.

53 — *Chaumières de Cayeux (Somme).*

> P. Haut., 24 cent.; larg., 33 cent

54 — *Dans la plaine (Berry).*

> P. Haut., 22 cent.; larg., 27 cent.

55 — *Bords d'un étang (Sologne).*

> P. Haut. 27 cent.; larg., 22 cent.

56 — *Vers le soir (Beauce).*

> P. Haut., 19 cent.; larg., 27 cent.

57 — *Bords d'un étang (Sologne).*

> P. Haut., 19 cent.; larg., 27 cent.

58 — *Agneau et brebis.*

> P. Haut. 16 cent.; larg., 24 cent.

59 — *Le Soir (Provence)*.

> P. Haut., 19 cent.; larg., 27 cent.

60 — *Sur la hauteur*.

> P. Haut., 22 cent.; larg., 16 cent.

61 — *Le Petit troupeau*.

> P. Haut., 22 cent.; larg., 16 cent.

62 — *Jour de marché, étude à Cusset-Vichy*.

> P. Haut., 27 cent.; larg., 42 cent.

63 — *Printemps*.

> P. Haut., 24 cent.; larg., 33 cent.

64 — *A Cayeux-sur-Mer (Somme)*.

> P. Haut., 24 cent.; larg , 33 cent.

65 — *Brebis*.

> T. Haut., 22 cent.; larg., 27 cent.

66 — *Moutons aux champs*.

> P. Haut., 24 cent.; larg., 33 cent.

67 — *Ruines de la Napoule, près Cannes*.

> Carton. Haut., 19 cent.; larg., 27 cent.

68 — *Berger dans la montagne (Alpes-Maritimes)*.

> P. Haut., 19 cent.; larg., 24 cent.

69 — *La Neige.*

> P. Haut., 19 cent.; larg., 24 cent.

70 — *En Septembre.*

> P. Haut., 22 cent.; larg., 16 cent.

71 — *Gardeuse de moutons (Provence).*

> P. Haut., 19 cent.; larg., 27 cent.

72 — *Sur le côteau, étude (Seine-et-Marne).*

> T. Haut., 19 cent.; larg., 27 cent.

73 — *Dans la neige, environs d'Asnières.*

> T. Haut., 38 cent.; larg., 55 cent.

74 — *Le Soir.*

> P. Haut., 22 cent.; larg., 16 cent.

75 — *La Fille du marin (Cayeux).*

> T. Haut., 22 cent.; larg., 27 cent.

76 — *Pâturage, étude.*

> P. Haut., 19 cent.; larg., 27 cent.

77 — *Le Soir à la mare, paysage de Sologne.*

> T. Haut, 19 cent.; larg., 27 cent.

78 — *Retour des champs, maison de pêcheurs, à Cayeux.*

> P. Haut., 24 cent.; larg., 33 cent.

79 — *Brebis.*

P. Haut., 16 cent.; larg., 24 cent.

80 — *Étude de moutons.*

P. Haut., 16 cent.; larg., 22 cent.

81 — *Les Moutons, clair de lune.*

T. Haut., 60 cent.; larg., 93 cent.

82 — *Souvenir du Berry (Salon 1912).*

T. Haut., 75 cent.; larg.; 1 m. 05 cent.

83 — *Dans l'étang (Sologne).*

P. Haut., 27 cent.; larg., 35 cent.

84 — *Avril en Sologne.*

P. Haut., 46 cent.; larg., 38 cent.

85 — *Paysage d'hiver, environs de Paris.*

T. Haut., 76 cent.; larg., 1 mètre.

86 — *Bergère aux champs, avril.*

P. Haut., 22 cent.; larg., 27 cent.

87 — *Bergère aux champs, le matin (Provence).*

T. Haut., 24 cent.; larg., 35 cent.

88 — *Pâturage en Sologne.*

T. Haut., 54 cent.; larg., 81 cent.

89 — *Les Bœufs (Sologne)*.

>T. Haut., 67 cent.; larg., 90 cent.

90 — *L'Étoile du berger*.

>T. Haut., 75 cent., larg., 1 m. 05 cent.

91 — *Cinq études dans un cadre*.

>Haut., 70 cent.; larg., 95 cent.

92 — *Cinq études dans un cadre*.

>Haut., 70 cent.; larg., 95 cent.

93 — *La Mare aux oies (Seine-et-Marne)*.

>T. Haut., 24 cent.; larg., 35 cent.

94 — *Avril, pâturage en Sologne*.

>P. Haut., 30 cent.; larg., 40 cent.

95 — *Sur la falaise (Somme)*.

>Carton. Haut., 27 cent.; larg., 33 cent.

96 — *Berger de la Brigue (Italie)*.

>P. Haut., 16 cent.; larg., 24 cent.

97 — *Retour des champs*.

>Haut., 28 cent.; larg., 38 cent.